ein Feld
gelber Köpfe
alle schauen
in dieselbe
Richtung

Sonnenblumen
wenden sich immer
der Sonne zu

schenke mir
Herr
dass ich mich
immer
zu dir hin
ausrichte

denn wir Menschen
wachsen
in die Richtung
in die wir schauen

Heinz Detlef Stäps
Suchet mein Angesicht

In Zusammenarbeit mit MAGNIFICAT
www.magnificat.de

Heinz Detlef Stäps

Suchet mein Angesicht

Meditationen im Kirchenjahr

Butzon & Bercker

Bibliografische Information der Deutschen Nationalbibliothek

Die Deutsche Nationalbibliothek verzeichnet diese Publikation in
der Deutschen Nationalbibliografie; detaillierte bibliografische Daten
sind im Internet über http://dnb.d-nb.de abrufbar.

Das Gesamtprogramm
von Butzon & Bercker
finden Sie im Internet
unter www.bube.de

ISBN 978-3-7666-2718-6

© 2020 Butzon & Bercker GmbH, Hoogeweg 100, 47623 Kevelaer,
Deutschland, www.bube.de
Alle Rechte vorbehalten.
Umschlaggestaltung, Layout und Satz: Werner Dennesen, Weeze

Ein Wort zuvor

Unsere Welt ist so laut und die Menschen laufen so viel draußen herum. Menschen suchen und wissen oft nicht, was.

Dieses Buch lädt zum Stillwerden ein, zur Konzentration, zum Ankommen bei sich.

Gott breitet sich vor uns aus; er zeigt vielfältige Gesichter. Bilder der klassischen christlichen Kunst – meistens aus der Buchmalerei – führen zum Wesentlichen. Schlichte Meditationen gehen Wege nach innen – manchmal überraschend. Die meisten Texte stammen aus „MAGNIFICAT – Das Stundenbuch", dort ist jeden Monat ein weiterer zu finden.

Am Kirchenjahr entlang werden Bilder und Texte entrollt, welche den Leser einladen, aufzubrechen und Gottes Angesicht im eigenen Leben zu finden.

Heinz Detlef Stäps

wenn wir das Kind
in die Mitte nehmen

und die leisen Stimmen
hören können

auch in uns selbst

dann
ist Weihnachten
dann
kann es auf Erden
Frieden werden

Die Miniatur zeigt die liegende Maria, das Kind in der Krippe, Ochs, Esel und den nachsinnenden Josef mit den Hirten, welche die Botschaft von der Geburt des Kindes von einem Engel erfahren.

Prophetischer Rat

mach die Augen auf
schau ins Weite
über dich hinaus
sieh Gott in die Augen
und mach dich fest
im Du

Er kommt

Goldthronender
kommt
aus Himmelssphären
in eines kleinen Menschen
großes Leben

auf ihn schauen
die Erdenmächte

mit himmlischem Glanz
übergossen
bringt er
Licht
in die Welt

Er ist das Leben.

Wie ein Traum

ich sehe einen Gott
der mich behütet
mich umgibt

und mir schenkt
was ich zum Leben
brauche

Gott
hat mich erschaffen
Er
ist mein Herr
Er
hat die Macht

Kraft von oben

Wie ein Blitz
vom Himmel

springt ein Engel
in den Alltag
der Menschen

Funken
springen über

er lädt sie auf
mit Himmelskraft

taucht sie ein
in Gottes Gegenwart

Die Miniatur zeigt den Engel, der den Hirten die Geburt Jesu Christi verkündet. Mit wehenden Mantelfahnen und ausgebreiteten Flügeln drückt er die Kraft und Dynamik seiner Botschaft bildhaft aus.

Verkündigung an die Hirten
Perikopenbuch Heinrichs II.,
Reichenau, Anfang 11. Jahrhundert,
Bayerische Staatsbibliothek München, Clm 4452, fol. 8v,
© Bayerische Staatsbibliothek München

manchmal erfüllt mich
ein Sehnen
nach Himmel
mitten auf unserer Erde

manchmal erfüllt mich
ein Suchen
nach Glanz
mitten in meinem Alltag

manchmal erfüllt mich
ein Horchen
nach Musik
mitten im Lärm des Verkehrs

ich richte mich aus
nach oben

UND
ES
WIRD
LICHT

Wo ist Gott?

Du Wort
das die Welt erschuf

Du Mensch
der die Menschheit rettet

springst
in mein Leben

öffnest dich mir

damit ich sehe
höre
dir begegne

Du Gott
bei mir

Ein neues Ja-hr

Mit ihrem „Ja"
begann alles

Kann auch ich
mit einem „Ja"
das Jahr beginnen?

Wie Maria
„Ja" sagen
zum Unbekannten
das Gott
für mich bereithält?

Wie Maria
vertrauen
dass Gott
nur Gutes
mit mir vorhat?

J – – – A

Geführt

manchmal
weg
aus dem Alltag

sich ein Ziel vornehmen
doch offen bleiben
wo der Stern mich hinführt

und den finden
der mir Schätze
zu geben hat:

wachsen
am DU

AD PRESEPE MAGI STELLAE SVNT LVMINE DVCTI

Die Darstellung zeigt die Anbetung des neugeborenen Kindes durch
die Weisen aus dem Morgenland. Sie sind hier bereits als Könige
gezeigt und symbolisieren die Erscheinung des menschgewordenen
Gottes vor der ganzen Welt.

Epiphanie
Bremer Perikopenbuch Heinrichs III.,
Abtei Echternach, 1039–1043, Ms. b. 21, fol. 14v,
© Staats- und Universitätsbibliothek Bremen

Folge deinem Stern

drei Verrückte
rennen einem Stern
hinterher
einem Hirngespinst
– die Tagträumer

und sie finden
den Herrn der Welt
erkennbar nur
mit träumenden Augen

einem Stern zu folgen
kann die Welt
verändern
und ein Leben
zu seinem Ziel
führen

König sein wollen

wenn ich
über Leichen gehe
mich nur sehe
und meinen Vorteil

König sein will

dann stelle ich mich
vor diesen hin:

„du blendest mich
nicht
mit deinem Prunk
ich sehe
wie klein du bist
hinter deiner Fassade"

und der Spiegel
wird durchsichtig –
ich sehe dahinter
die Menschen

Geben und nehmen

Du
gibst dich
ganz

ich
bringe
mich
   bald
   probeweise
   in Raten

Du
nimmst mich
so

hier
bin ich

das Leben muss
reif werden
für den Tod

wir können nicht sterben
wenn wir nicht lernen
uns aus der Hand zu geben
uns in andere Hände
zu legen

dann sterben wir nicht
wir kommen ans Ziel

Die Miniatur zeigt ein tänzerisch bewegtes Jesuskind. Es bildet eine Brücke zwischen Maria und dem greisen Simeon. Hier werden uns die Erwartungen des Volkes Gottes und Gottes menschlich greifbare Zusage seiner Gegenwart in Jesus Christus vor Augen geführt.

Darstellung des Herrn
Bamberger Psalter,
Regensburg (?) 1220–1230,
Msc. Bibl. 48, fol. 9r,
© Staatsbibliothek Bamberg / Foto: Gerald Raab

Gipfeltreffen

Ein alter Mann
trifft das Ziel
seines Lebens
es streckt sich ihm
entgegen

wo Gott wohnt
wendet sich
der Winter
zum Frühling

Blumen sprießen
zeugen Leben

auch in alten Herzen

Komm,
mein Kind,
ich will dich schützen
vor der Welt
und ihren
gierigen Armen.

Danke, Mutter,
doch ich muss
ihn gehen,
meinen Weg.

Madonna

überragt
vom dreifach flammenden Rot
der göttlichen Liebe

zärtlich zugewandt
dem Kind und seiner Zukunft

die Mutter
mit dem glühenden Herzen

brennt ewig
für ihn

sie wärmt
auch uns

Überraschung

Was will der Mann
mit den Flügeln?
Er spricht so komisch,
ich bin doch nur
Maria.

Ein Kind
soll ich bekommen?
Wie soll das gehen –
ohne einen Mann?

Der Heilige Geist
soll das machen –
das glaubt mir doch kein Mensch!

Doch wenn Gott im Spiel ist,
glaube ich,
ist alles möglich.

Also gut:
Mach es so,
wie du willst,
ich bin für dich da.

Die Darstellung zeigt die Verkündigung der Geburt Jesu an Maria. Erschrecken kennzeichnet die Haltung der Frau, die zur Mutter Gottes werden soll.

Heiliges Theater

Und plötzlich
betritt ein Engel
die Bühne
der Geschichte

schiebt den Vorhang
zur Seite

und zeigt
einer respektvoll erschütterten Frau
die Farben des Lebens
den Keimgrund des Heils

Maria

ruht
in sich

verankert
in Gottes Wort

kann sie
Antwort geben

Gottes Plan
bejahen

auch wenn es
dunkel wird

Jesus

Wie in vielen Darstellungen der Verkündigungsszene wird Maria gezeigt, wie sie in der Bibel liest. Der Anruf Gottes überrascht sie bei der Beschäftigung mit Gottes Wort. Es fehlt jedoch der Engel. Maria ist dem Betrachter zugewandt.

Maria der Verkündigung
Antonello da Messina, 1474–76,
Tempera und Öl auf Holz, Galleria Regionale della Sicilia, Palermo,
© bpk | Scala

wenn Gott
mein Alles wird
kann ich
alles andere
loslassen

es zulassen
leer zu werden

und Leere aushalten
manchmal nur aushalten
dass ich nicht einfach
voll werde
von Gott

Es wird Zeit

Wann
setzt du dich
auf deinen Thron?

Wann
trittst du
das Böse nieder?

Wann
vernichtest du
Krankheit und Tod
Gewalt und Terror?

Wann
kommst du
und erhörst
die Armen und Hungernden?

Es wird Zeit,
die Welt zu verändern.

Die Darstellung zeigt den thronenden Christus, der über das Böse triumphiert, mit den vier Evangelistensymbolen.

Maiestas Domini
Der Goldene Münchner Psalter, Oxford (?), um 1200,
Bayerische Staatsbibliothek München, Clm 835, fol. 29r,

Entscheidende Frage

Für wen
haltet
ihr
mich?

Du bist:
Mensch
Bruder
Messias
Herr
Sohn Gottes
Gott

Du

Gott
schaut nicht
vorbei

damit sein Blick
nicht in mir
brennt
schaut sein Herz
tief in mich

erkennt mich
und nimmt mich
wie ich bin

tröstet mich
über mich hinweg
– Gott in mir

Das Porträtgemälde von Rembrandt Harmenszoon van Rijn (1606–1669) vermittelt einen ungeheuer lebendigen Eindruck von Christus. Dieser ist mit einem rätselhaften Blick dargestellt. Er ist in sich gekehrt, ruhig und meditativ.

Gott mit uns

ein Leben lang
von der Taufe
bis zum Grab
– neben mir

und doch
bleibt Gott
Gott,
mein Schöpfer
und mein Herr
– über mir

immer wieder
schenkt er sich
beim Mahl
in mein Herz:
Gott
in mir

bei Nacht
am Kohlenfeuer
wandtest du dich um
und schautest mich an

ein Blick wie ein Spiegel

in der Tiefe
deiner Augen
erkannte ich
uns

meine Schuld
und deine Liebe
und meine Liebe

weinte bitterlich

morgens
am See
schaust du mich an
und es spielt
die Ostersonne
auf deinem Gesicht

Hier handelt es sich um eine sehr alte und beeindruckende Christus-
ikone, die im Katharinenkloster auf dem Berg Sinai aufbewahrt wird.

Pantokratorikone
Erste Hälfte 6. Jahrhundert
Katharinenkloster, Sinai
© 1970 Rex Features / Kharbine-Tapabo / REX / Shutterstock

Mein Glaube

Mein Glaube ist klein
viel zu klein
für diesen großen Gott
für seine Schöpfung
voller Wunder
für die Nähe seines Sohnes
– erlöst hat er mich –
und für das Wirken
seines Geistes
in unserer Mitte.

Und Gott sagt:
Das macht nichts!
Gib mir deinen
kleinen Glauben
ich mach mir daraus
was ich brauche.

Strecke ihn mir entgegen
jeden Tag!

Meine Mitte

Gott
trägt
unsere Welt

Er
ist ihre Mitte
– Ursprung und Ziel

von ihm
kommen wir
zu ihm
gehen wir

Er
ist
die Nabe
um die sich
mein Leben dreht

Sein Wort

In der Mitte
sitzt
ER
und lehrt
seine Jünger

wie ein Sog
seine Predigt
zieht
die Menschen
an

sie zeigt:
Sein Wort
ist
schön.

schau mich an
schau in mich hinein
schau durch meine Maske hindurch

sieh mein Elend
sieh meine Armut
sieh meine Leere
hinter meiner Fassade

füll mich auf
mit deiner Nähe
mit deinem Mitleiden
mit deiner Liebe

mach mich zum Spiegel
deines Lebens

Die Darstellung zeigt den aus der biblischen Szene herausgelösten Christus in der Tradition des „Ecce Homo", als Angeklagten und Verspotteten, der das Leiden der Welt mit Gott verbindet.

Pilatus
wäscht seine Hände
in Unschuld.

Doch unschuldiges Blut
wäscht sich nicht ab.

Vielleicht mit der Zeit,
wenn wir immer
wieder
seinen Namen
im Credo
nennen.

Es ist vollbracht

vom Leid
durchbohrt

von Schmerzen
zermartert

Grauen
packt alle
die mich lieben

dann
ist es vorbei:
Ruhe
endlich!

in Gottes
Lebensliebe

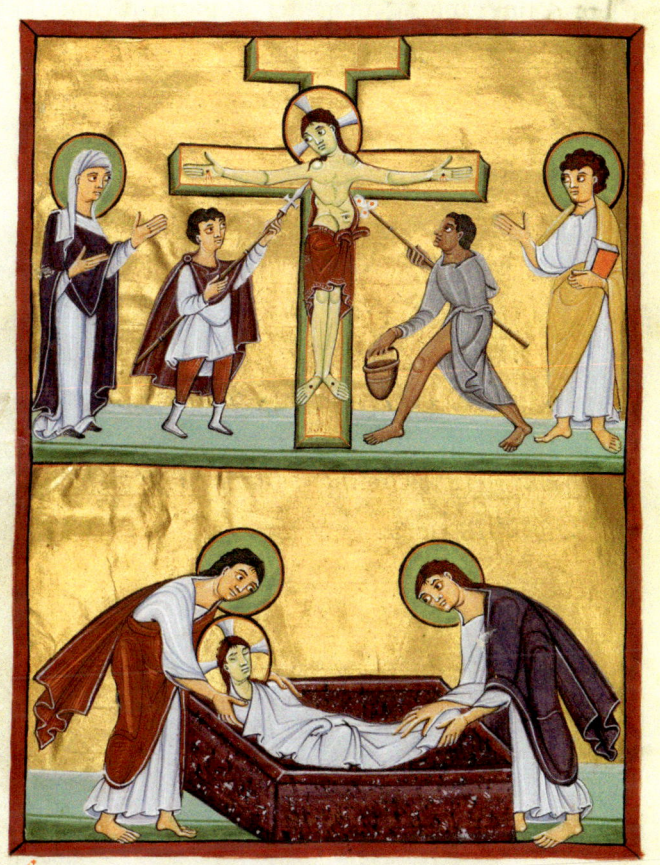

SECUNDVM MATHIVM .

Die Miniatur zeigt oben die Kreuzigung Jesu zwischen Maria und Johannes, dem Soldaten mit der Lanze und dem Schwammträger mit dem Essig. Unten wird der Leichnam Jesu von Nikodemus und Josef von Arimathäa ins Grab gelegt.

Kreuzigung und Grablegung
Bamberger Apokalypse, Reichenau, Anfang 11. Jahrhundert,
Staatsbibliothek Bamberg, Msc. Bibl. 140, fol. 68v,
© Staatsbibliothek Bamberg / Foto: Gerald Raab

Nur die Ölbäume
sind noch da.

Die Jünger haben
mit dem Schlaf gekämpft.
Und verloren.

Er kämpft
mit dem Kreuz.
Und wir gewinnen.

Für

mit Leben meint er
leben für
mit Sterben meint er
sterben für

Maria und
Johannes
dich und
mich

vielleicht können wir deshalb
nicht mehr leben
und nicht mehr sterben

uns fehlt das für

Gott weint

über unsere Dummheit
über unsere Habgier
über unseren Hass

Gott weint

wenn Menschen einander bedrohen
wenn Menschen einander verfolgen
wenn Menschen einander abschlachten

Gott weint

und seine Tränen
werden zum Fluss
der in ein Land führt
das Licht ist

Menschliche Sehnsucht

ich möchte ihm
in die Augen schauen
mit ihm sprechen
ihn berühren

dann wäre er
nicht mehr Gott

ich bleibe stehen
und schaue ihm
hinterher

sehe seine Spuren
in meinem Leben

Die Darstellung zeigt, dass die Auferstehung Jesu nicht nur in der Abgeschiedenheit des Grabes geschah, sondern sich den Menschen mitteilt. Sie dürfen ihn sehen und sogar berühren.

Der Auferstandene mit Thomas und Maria Magdalena
Salzburger Perikopenbuch,
Salzburg um 1020,
Bayerische Staatsbibliothek München, Clm 15713, fol. 29v,
© Bayerische Staatsbibliothek, München

Es ist der Herr

Im Kreuz
spielt sich
das Leben ab

und alles wahre Leben
ist Begegnung

der Lebendige
begegnet seinen Freunden
baut ihren Glauben
wieder auf
und sendet sie
zu uns

Die Mitte
bringt
uns in Bewegung

Schaut euch
die Kirche an
mit ihren
jahrhundertealten
Gesetzen
und Traditionen

in ihrer Mitte
rotiert der Geist

macht Menschen lebendig
und bringt sie in Bewegung

Erneuerung
kommt von innen

Die Miniatur zeigt das Pfingstereignis. Der Heilige Geist erfüllt die erste Gemeinde der im geschlossenen Raum versammelten Jünger. Doch er kommt nicht von oben auf sie herab, er kommt aus ihrer Mitte.

Pfingsten
Salzburger Perikopenbuch, Salzburg um 1020,
Bayerische Staatsbibliothek München, Clm 15713, fol. 37v,
© Bayerische Staatsbibliothek München

Eins

So viele Kirchen
wo sie beten
wo sie singen
wo sie hören
Gottes Wort.

Wo Gott ist
sind sie eins
weil Gott eins ist
und sein Geist
sie antreibt
nicht um sich selbst
zu tanzen
sondern rauszugehen
zu den Menschen
und ihnen
Gottes Wort
zu bringen.

Dem Geist Raum geben

wenn wir uns
um den Geist scharen
ihm Raum geben
in unserer Kirche

wenn wir uns
auf ihn ausrichten
uns von ihm
bestimmen lassen

finden wir die Mitte
zwischen uns

nicht im Ich
sondern
im Wir

Wir begreifen es nicht

Wir begreifen es nicht
das Geheimnis Gottes

drei Personen
und doch ein Gott

aber wir spüren es
jeden Tag
das Geheimnis Gottes

die Liebe

die fließt
zwischen Vater
Sohn
und Geist

die Liebe

die Menschen verbindet
und uns
von Gott erzählt

Der Herr bricht ein

auch wenn du jeden Tag betest
auch wenn du jeden Tag die Schrift liest
auch wenn du jeden Tag Gottesdienst feierst

der Herr kommt unerwartet
der Herr kommt anders
du wirst dich wundern

und ihn
vielleicht
nicht erkennen

Die Darstellung zeigt die Verkündigung der Geburt des Johannes des Täufers an seinen Vater Zacharias, der im Tempel den Priesterdienst vollzieht, und (im unteren Teil) den stumm gewordenen Zacharias. Gott bricht in den Alltag eines Menschen ein, der im Tempel der Gegenwart Gottes arbeitet, doch dieser rechnet nicht mit dem lebendigen Gott.

Verkündigung der Geburt des Johannes und Zacharias im Tempel
Sogenanntes Kostbares Evangeliar des heiligen Bernward,
Hildesheim, um 1015,
Domschatz Hildesheim, Inventar-Nr. DS 18, fol. 111r,
© Bildarchiv Foto Marburg / Dom-Museum Hildesheim

Du Kind, Johannes

wirst ausbrechen
aus deiner gutbürgerlichen Stube.
Du wirst die Sünder
zu Gott
umkehren
und die Axt
an die Wurzel
der Bäume legen.

Du wirst
den Mächtigen
in die Suppe
spucken,
dich unbeliebt machen
und ein Opfer
des Henkers werden.

Du verweist uns
auf ihn,
auf das Lamm Gottes,
das unerkannt
mitten unter uns
steht.

Maria und Elisabet

zwei Frauen
begegnen sich
in Liebe

in den Tiefen
ihres Seins
treffen sich
ihre Kinder
und werden
zum Segen

auf dem Grund
unserer Seelen
trifft sich
Gott

Tanz der Salome

tanz
für den König
er verlangt
nach deiner Schönheit

du verbiegst
dein junges Leben
und verlangst
was von hinten
dir geflüstert wird

so stützt du
das Lügengebäude
einer Königsherrschaft
die Fassade
einer maroden Welt

Heilgarten

Maria
die besondere
Blume
im Garten Gottes

duftende Kräuter
und reife Früchte
uns zur Heilung

ihr Sohn
lächelt
seinem Leid
entgegen

mir zum Heil

Menschliches

Mutter
und Kind
in ihrer Blöße

ausgeliefert
den Augen
der vielen

Gottesmutter
und Gottessohn
lassen uns teilhaben
an ihrer Liebe

breiten den Himmel
vor uns aus

alles Menschliche
ist hier zu Haus

Sei gegrüßt

du bist gesegnet
auf deinem Weg
zum Tod

der Herr ist mit dir
er wird dich begleiten
er wird dich tragen
über die dunkle Schwelle

deine Zukunft
ist Leben
Freude und Licht
denn deine Zukunft
ist Gott

Die Miniatur zeigt eine ungewöhnliche Szene: Der Engel des Herrn besucht Maria, nicht um ihr die Geburt ihres Sohnes zu verkünden, sondern Jahre später, um ihr ihren nahen Tod anzukündigen.

Ankündigung des Todes Marias
Jean Fouquet, Stundenbuch des Étienne Chevalier, Tours, um 1453–1456,
Musée Condé, Chantilly, Ms 71, fol. 9r,
© bpk – Bildagentur für Kunst, Kultur und Geschichte /
RMN – Grand Palais / René-Gabriel Ojéda

Gottes Werk

nichts ist
ohne ihn

alles ist
auf ihn hin

wir sind
Gottes Bild

Mann und Frau
Greis und Kind

vom einen Rand des Lebens
bis zum anderen

sind wir uns entzogen
gehören wir ihm

Am Ziel

sie hat
in der Beziehung
zu IHM
gelebt

ER holt sie
nun heraus
aus dem Tod
und streckt sie
dem Leben
entgegen

sie ist
angekommen
wohin wir
unterwegs sind

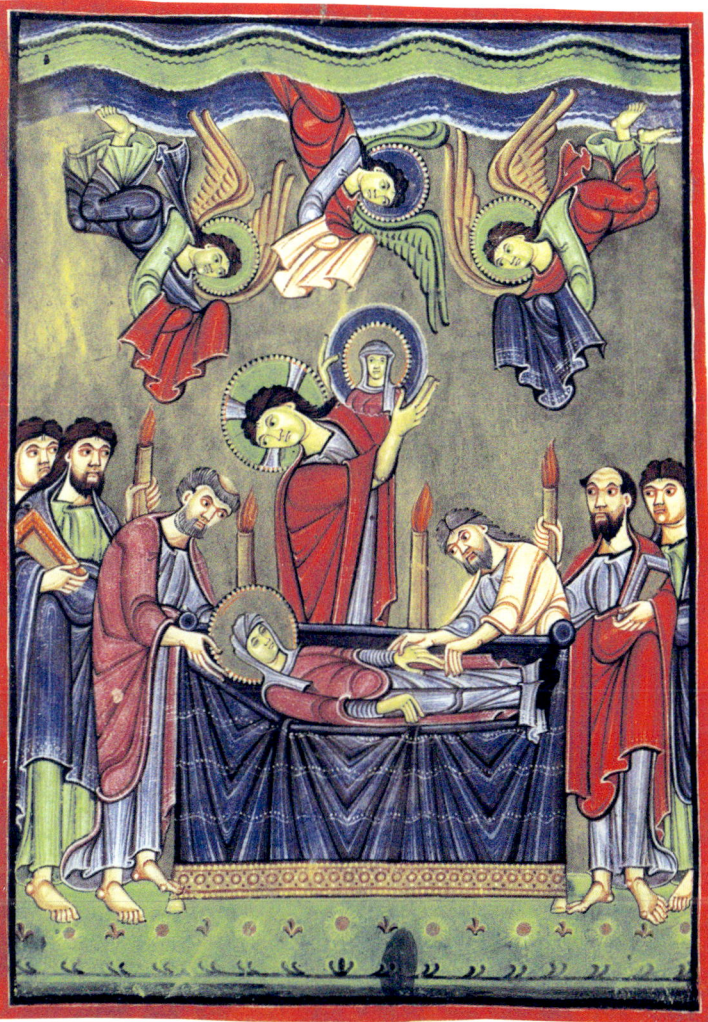

Die Darstellung zeigt den Tod Marias. Christus nimmt die Seele seiner verstorbenen Mutter in Form eines runden Brustbildes in seine Hände und streckt sie der himmlischen Vollendung entgegen.

Aufnahme Mariens in den Himmel
Festtagsevangelistar mit Kanontafeln,
Reichenau (?), 2. Viertel 11. Jahrhundert,
Cod. F. II. 1, fol. 41v,
© Bibliotheca Civica Queriniana, Brescia

Gottes Wort

heilige Bücher
will ich lesen

und heilige Menschen
sollen sprechen

und ich höre
Gottes Wort

im Lachen der Kinder
im Plappern der Einfältigen
im Schreien der Toten

Kirchenträume

inmitten der Kirche
schaut
eine Frau
Himmelslicht
hört
eine Frau
Himmelsstimme
und
eine Frau
schreibt auf
was sie sieht
und hört
damit wir
das Licht
besser sehen
Gottes Stimme
besser hören
inmitten der Kirche

Die Miniatur zeigt die heilige Hildegard, wie sie eine Vision emp-
fängt. Von oben sieht sie Strahlen auf sich herabkommen und hört
eine Stimme. Schreibend gibt sie es weiter.

Hildegard von Bingen (Die Seherin)
Liber Scivias (Vorrede),
Handgefertigtes Faksimile der verschollenen Rupertsberger
Handschrift der Hessischen Landesbibliothek Wiesbaden
(vor 1179) Tafel 1,
© Abtei St. Hildegard, Rüdesheim/Eibingen

Reichtum

Seht
die arme Witwe
gibt
von ihrem Wenigen
damit andere
leben können.

Jesus
segnet
ihr Tun.

Seht
teilen
macht reich.

Geistesblitz

Da kommt mir ein Gedanke,
schnell zum Tisch,
zum Buch,
festhalten,
aufschreiben!

Hoppla,
was kommt da von oben?
Ein Gesandter?
Ein Engel?
Botschaft
von Gott?

Vielleicht ist Gott
in meinen Gedanken –
ich schöpfe
das Licht
sicher nicht
aus mir.

Die Darstellung zeigt den Evangelisten Matthäus in lässiger Körper-
haltung bei der Abfassung seines Evangeliums. Von oben kommt ein
Engel mit himmlischer Botschaft. Ein intensiver Blickkontakt zeigt,
dass ein Funke überspringt, dass das Werk des Matthäus von Gott
kommt.

Inspiration des Evangelisten Matthäus
Michelangelo Merisi da Caravaggio (1571–1610),
Rom, San Luigi dei Francesi, 1602, © bpk / Scala

Evangelist Lukas

ein Herrscher
auf dem Thron
mächtig und jung
mit der Kraft
eines Stieres?

nein
ein Schreiber
der Botschaft
von Jesus Christus
mächtig und ohnmächtig
mit der Kraft
seines Gottes

Nächstenliebe

du bist
Christus
wenn ich
teile mit dir
was ich bin

ich werde
leben
mit IHM
wenn ich
IHN liebe
in den Menschen

Die Darstellung zeigt die berühmte Mantelteilung des heiligen Martin
von Tours und darüber den Traum des Heiligen, in dem ihm Christus
mit diesem Mantel bekleidet erscheint.

Mantelteilung und Traum des hl. Martinus
Albani-Psalter,
St. Alban's, Herthfordshire, Anfang 12. Jahrhundert,
Dombibliothek Hildesheim,
HS St. God.1 (Eigentum der Basilika St. Godehard, Hildesheim),
Seite 53,
© Dombibliothek Hildesheim

Heiliger Martin

hoch zu Ross
muss man sich
niederbeugen

auf Augenhöhe
hat man es leichter

mit den Menschen

Gott ist in den Kleinsten
Gott ist unten

wir sind ihm näher
wenn wir den Kopf
nicht zu hoch tragen

Komm, spiel mit mir

Stell deine Füße
auf das Meer,
streck deine Flügel
weit in den Himmel
und lass den Atem Gottes
dir die Kleider blähen.

Nimm deinen Stein,
leicht und mit Schwung,
finde dein Gleichgewicht –
trotz deiner Last.

Entdecke in mir
Ruhe und Bewegung,
Ordnung und Spiel,
Kraft und Energie
– und finde alles in dir!

Die Miniatur zeigt den Engel mit dem Mühlstein aus der Apokalypse, der in einer prophetischen Zeichenhandlung Gottes Strafgericht an der Stadt Babylon, einer Allegorie für die Gegner der Gläubigen, androht. Doch von Strafe und Zorn Gottes ist auf dem Bild nichts zu sehen.

Gottes Gnade

du fühlst dich zu jung
zu schwach
und zu klein

du kannst es nicht tragen
was dir aufgelegt wird

bist wie ein Kleiderständer
für ein schweres Amt

dann nimm Gottes Wort
in dein Herz

lass dir von IHM
den Rücken strecken

ER
macht dich
groß genug

Transparent

wenn Gott lebt
auf dem Grund
meiner getauften
und gefirmten Seele

wenn ich versuche
ihn nicht zu verdunkeln
sondern durchsichtig zu werden
auf ihn hin

dann brauche ich
kein Licht mehr
von außen
dann strahlt
Er
aus mir

Die Miniatur zeigt das Himmlische Jerusalem, das dem Seher Johannes von einem Engel gezeigt wird. Das Lamm Gottes ist das Zentrum der himmlischen Stadt; Christus ist ihr Licht und ihre Mitte.

Einladung

Nach oben
schauen
zum Fest
das der Herr
uns bereitet

die Einladung annehmen
auch wenn wir
humpeln oder kriechen
müssen

das Ziel des Lebens
nicht
aus dem Blick
verlieren.

Die klugen Jungfrauen

da stehen sie
die Frauen
das schöne Geschlecht

lange haben sie gearbeitet
in Bad und Kammer
um nun so prächtig
vor uns zu stehen

sie sind gut vorbereitet
für die Begegnung
mit dem Bräutigam

und meine Seele?
ist sie auch
so prächtig bereitet
für die Begegnung
mit Ihm
den meine Seele liebt?

Ich weiß,
dass mein Erlöser lebt

Den Herrn
im Blick

lebe ich
mein Leben

gehe ich
in den Tod:

Streck deine Hand aus

und ruf mich
aus dem Tod

in dir
ist Leben.

Himmlisch

um ihn herum
pulsiert das Leben

ganz nahe
umkreisen ihn
die Engel

Heerscharen
von Menschen
streben
auf ihn zu

der drei ist

Beziehung
ist sein Wesen

und im Himmel sein
heißt in Beziehung
leben

Die Darstellung gewährt uns einen Blick in den Himmel. Wie durch ein Schlüsselloch sehen wir die Dreifaltigkeit (Gott Vater, Sohn und Heiliger Geist), umgeben von Engeln und Heiligen, deren beherrschende Mitte und Zielpunkt sie ist.

Trinität in der Glorie
Jean Fouquet, Stundenbuch des Étienne Chevalier,
Tours, um 1453–1456,
Musée Condé, Chantilly, Ms. 71, fol. 27r,
© bpk – Bildagentur für Kunst, Kultur und Geschichte /
RMN – Grand Palais / René-Gabriel Ojéda

So einfach

So einfach ist es
ein Heiliger zu werden:

Dich vor Gott
nicht größer machen
als du bist
demütig
und ehrlich zu sein:

Ich bin ein Sünder!

Den Rest macht ER:
Er richtet dich auf
er gibt dir Ansehen
und schaut dir
bis ins Herz
er nimmt die Schuld von dir
und schenkt dir
einen neuen Anfang.

Und immer wieder neu
so vor Gott stehen …
so macht der Heilige
Heilige.

Seliger Mensch

wer wie David
glauben kann
dass Gott ihn liebt

ist wie ein Baum
der am Wasser steht
der wächst und blüht

ist ein Sünder
den Gott
zum König macht

Wehe, wehe, wehe

wenn ich auf das Ende sehe

sehe ich einen Engel
der Seifenblasen
in den Himmel bläst

sehe ich einen Vogel
der tanzt
mit einem Heiligen

sehe ich goldenes Licht

nein
das Ende
hat keinen Schrecken

es ist Leben in Fülle

Ein Feld
in der Wüste
dürstet
dem Regen
entgegen.

Sanft
lächelt er
nieder darauf,
und Hoffnung
keimt auf.

Revolution

wenn DU
die Welt umdrehst
was oben war
ist unten
wer arm war
wird reich

dann will ich
dabei sein
dann will ich selbst
loslassen
was reich ist
an mir
woran ich mich
festhalten wollte
wenn der Boden wankt

und jetzt schon
aus dieser Freiheit
leben

Verzeichnis der Texte und Bilder

Hochfest der Auferstehung des Herrn

Pfingsten – Hochfest

Dreifaltigkeitssonntag – Hochfest

Geburt des heiligen Johannes des Täufers – Hochfest (24. Juni)

Mariä Heimsuchung (2. Juli)

Mariä Aufnahme in den Himmel – Hochfest (15. August)

Hildegard von Bingen (17. September)

Evangelisten Matthäus (21. September) u. Lukas (18. Oktober)

Martin von Tours (11. November)

Allerheiligen – Hochfest (Vollendung), Christkönigssonntag – Hochfest